What to Do When You Grumble Too Much

抱怨太多了怎麼辦？

幫助孩子克服負面思考

A Kid's
Guide to
Overcoming
Negativity

Dawn Huebner 著　Bonnie Matthews 繪圖

陳信昭 審閱

陳信昭、陳碧玲 譯

What to Do When You Grumble Too Much

A Kid's Guide to Overcoming Negativity

Dawn Huebner, Ph. D. (Author)

Bonnie Matthews (Illustrator)

目　錄

目 錄

給父母及照顧者的話

有些孩子心中似乎有個雷達，可以偵測任何情況中不對勁的事。無論事情有多麼好，而且無論這些問題多麼小或多麼不重要，他們都有辦法找到每一個小問題並批評它。

要教養一個總是只看到問題、常常帶著負面想法的孩子，是一件很累人的事。如果你是一個「抱怨太多」孩子的家長，你也許正在點頭同意。你希望自己的孩子能快樂，但為了達到這個目的，你或許已經筋疲力竭。你已經買了最新的玩具，陪著他在主題樂園裡排隊，對一些不好笑的笑話發笑。你邀請他的朋友來家裡玩，陪他上最熱門的網站玩遊戲而且還輸給他，並且煮了無數次他最喜歡吃的菜；為了孩子的緣故，你已經不斷盡了超出應盡的責任。或許你的孩子也已經很快樂。

的確，有負面思考傾向的孩子常常很快樂，只要一切都順利完美。但問題就在這裡，因為在真實生活中，事情都不是那麼順利、完美。在主題樂園裡，其中一項遊樂設施停用了；你忘了去買他愛吃的藍莓優酪乳；班上的好朋友選擇去和別人坐。這時候，他就會開始抱怨（或有更糟的反應）。在一位很快就轉往負面思考孩子的生活中，一件小小不順心

7

的事情都可以破壞一整個下午。

　　有負面思考傾向的孩子精通於發現問題。就好像任何的異狀、不完美、和不公平的情況會跳到他們面前，而且還放大一百倍。他們覺得自己必須指出什麼不對和不公平。這些孩子是把小事變大事的專家，而且如果有人嘗試說服他們不要這樣做時，他們的典型反應是變得越來越生氣。

　　負面思考（negativity）和悲傷（sadness）不一樣，這個詞彙也不應該用來形容那些努力理解生命中痛苦事件之意義的兒童，例如：家裡經歷過火災、心愛的寵物死掉，或父母離婚。負面思考也和憂鬱（depression）不同，憂鬱是指長期悲傷和易怒的情況。相反的，負面思考是一種認知模式、一種思考模式──不只是情緒，而是一種生活態度。

　　負面思考的特徵是重複傾向專注於不對勁的情況，即使有很多事情都很對。有負面思考傾向的孩子會忽視滿滿一桌的禮物，而抱怨為什麼他沒有得到某個特定的玩具。即使他已經參加了一整天的兒童活動，可是當你不同意他租一部電影來看時，他還是會噘著嘴不高興。他們常常覺得快樂，但他們的滿足感卻很脆弱。即使沒有什麼重大的壓力來源，他們還是會抱怨個不停。

　　要同情抱怨不是一件容易的事，而且大部分父母都不會同情抱怨。在如意的時候，孩子的抱怨只會引起父母有點不解的反應，並問他：「你為什麼這麼不開心？」或嘗試和他講理：「你也喜歡吃花生醬，不是嗎？為什麼不吃這個

呢？」但在不順心的日子，孩子的負面思考只會招來父母的怒氣：「你簡直不可理喻！反正沒有任何東西合你的意，我真搞不懂自己幹嘛還要這麼費心。」無論在心情好或不好時，無論是用冷靜的語氣或誇大的口吻，父母都會撞到孩子負面思考的這面牆上。

我們的目標不是去終止這種抱怨的情況。那些很快就轉向負面思考的孩子也很會生悶氣。所以，我們的目標是教導孩子們認識什麼是「負面思考」，並鼓勵他們採取一些行動來克服它。我們的目標是幫助他們在面對失望時，比較能夠快點恢復過來，並提供他們需要用來專注於正面思考的一些技巧，而不是一直陷於負面思考中。

陷於負面思考的孩子並不是存心選擇那樣的認知模式；甚至大部分孩子根本不知道什麼是負面思考。而且對於自己的負面思考，他們的防衛心簡直是惡名昭彰。「我才沒有抱怨太多呢！」你的孩子看到這本書時，可能會如此反應。可是當你們一起閱讀這本書時，他（她）可能會開始著迷。本書以審慎、充滿同情心、並且幽默的方式，引導孩童去理解負面思考及其陷阱。它指出有許多負面想法的孩童通常會覺得自己被卡住和不快樂。重要的是，本書利用他們能夠明白的解釋和練習，告訴他們該做什麼。

本書中所用的策略是基於廣受治療師使用的認知行為原則。這些原則已經被改編成適用於六至十二歲孩童身上。本書最有效的使用方法是，家長與孩童一起閱讀。撥出一點時

間，坐在一個舒服的地方，並準備好寫字和畫畫的工具。每次閱讀一至二章，看看書中的圖片，並按照指示做練習。和你的孩子談談書中的這些例子，並在沒有閱讀時一再提起。孩子們需要時間來吸收新想法和練習新策略。所以每次只會發生一點點改變。

介紹孩子看這本書，等於你在邀請他（她）去實驗新的思考方式。而你自己也需要改變；不要再嘗試說服孩子放棄負面思考方式，不要再給予講理的解釋，也試著不要生氣。相反的，要開始去辨認什麼是負面思考。

不要對孩子的某些抱怨給予反應，而要對他（她）的感受給予同情。你可以說：「你看起來真的很生氣吧！」或「喔，我知道這一定讓你很不好受。」然後利用書中的例子來提醒你的孩子使用新的技巧。鼓勵他（她）往正確方向的所有步驟。用傻裡傻氣的方式去表現幽默，而不要用羞辱的方式。為孩子的學習能力和選擇這種新思考方式營造出自信的氣氛。藉著展望孩子的成功，你能夠幫助他（她）讓成功化為現實。

家庭中會盛行負面思考並不是件不尋常的事。如果你自己就有負面思考的傾向，你可以和孩子一起試著做這些練習。然而，如果你發現自己的感受和反應太難改變，那麼你可能需要尋求專業協助，並與孩子一起努力。萬一負面思考對你孩子的生活已經造成嚴重干擾，請立即與孩子的兒童精神科醫師進行商談，或尋求其他心理健康專家的協助。對某

些孩童而言，本書最好與治療同時使用。

對成人與孩童而言，好消息是，負面思考是可以利用本書中描述的認知行為策略得到修正。你的孩子能夠學著去辨認什麼是負面思考，並漸漸擺脫這種思考方式。這需要一點練習，可是一旦他（她）抓到其中的竅門，事情就會簡單許多。就如你所知，正面思考是非常有力的。它會讓人感到更愉快、做事更有效率，而最棒的是，它讓孩子（和他們的父母！）感到快樂很多、很多。

第一章

你被卡住了嗎？

你跑過障礙賽嗎？

　　你知道的，障礙賽就是充滿各種陷阱和關卡的比賽。要跳過一些欄架、要像蟲一樣爬過一些管子、要走平衡木、還要彎彎曲曲的繞過一些圓錐跑。

起點

終點

大部分孩子看到障礙賽時會想：「哇！看起來好好玩哦！」他們全速開跑、躍過欄架、巧妙地避開圓錐。

在障礙賽中，每一項障礙都是一個要等著被征服的迷你冒險。

畫一畫你自己準備好要跑的這些障礙賽。然後畫一條線，指出你如何通過這些障礙的路線。

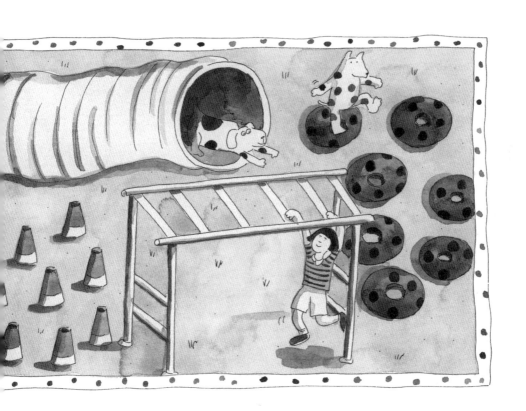

現在想像一下，有一個孩子，他很喜歡跑步，但卻從來沒有跑過障礙賽。這孩子全速開跑，並到達第一個欄架。

等一下！有個欄架擋著他的路！

這孩子停下來，瞪著它。可是那欄架動也不動。於是，當有東西擋路時，這孩子的反應就像許多孩子的反應一樣。他就生氣了！

但欄架卻不動。

「這不公平！」
他說。

欄架仍然不動。
現在，他可真的生氣
了，於是就踢了欄架
一下。但欄架仍然動
都不動。（當然不會
動啦！那可是欄架
呢！）

「笨欄架！」他
想。「擋著我的路，
現在又弄痛我的腳趾
頭！」

這孩子站在那
裡很長一段時間，對
著欄架抱怨，大吼大
叫。

對於這位卡在欄架後面的孩子，你能給他什麼建議？

（提示：如果跑障礙賽的人是你自己，你會做什麼？）

把你的
建議寫在這裡

如果你寫的是**跳過欄架**，那麼就給你自己一顆星星當作鼓勵。你的確知道該做什麼。

　　你知道嗎？生活就像一場障礙賽一樣，得通過許多陷阱和障礙。

　　有些孩子，也許甚至像你一樣的孩子，他們很會看到欄架，但卻卡在那裡。

　　他們忘了要跳過欄架，而只是站在那裡，不停地抱怨。他們會說「這不公平！」之類的話。然後覺得很生氣或傷心，因為欄架擋著他們的路。

　　如果你的路上有好多欄架，尤其是如果你一直不斷抱怨著這些欄架，那麼這本書正適合像你這樣的孩子。這本書會教你如何用新的方式去看這些欄架，並想辦法跳過去。

第二章

什麼是負面思考？

事情總是不會如計畫般進行。

你媽媽可能說，你可以去買你最喜歡的神秘系列故事的最新一集，可是當你到達書店時，架上都沒有了。

你妹妹想要跟你玩，可是她堅持要玩上學的遊戲，而你卻想玩寵物店的遊戲。

爺爺帶你出去吃飯，可是他忘了叫侍者不要放蕃茄。結果現在你的漢堡裡有好大片的蕃茄！

每一個這種情況，都有它好的一面和不好的一面。將它們列出來。

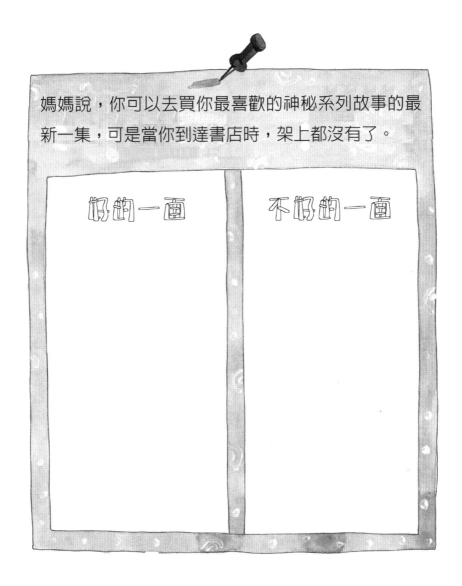

媽媽說，你可以去買你最喜歡的神秘系列故事的最新一集，可是當你到達書店時，架上都沒有了。

好的一面　　　　不好的一面

妹妹想要跟你玩，可是她堅持要玩上學的遊戲，而你卻想玩寵物店的遊戲。

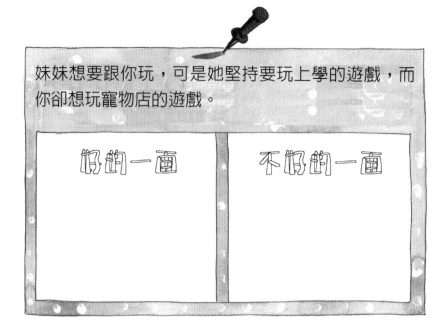

爺爺帶你出去吃飯，可是他忘了叫侍者不要放蕃茄。結果現在你的漢堡裡有好大片的蕃茄！

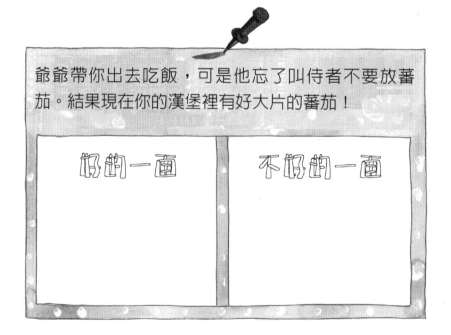

當一種情況有好的一面和不好的一面時，你可以選擇。你可以只看到不好的地方並生氣。或者你可以注意好的一面。

　　負面思考的意思是只專注於不好的一面。

　　負面思考的孩子很快就會注意一個情況裡有什麼不對勁的地方。對他們而言，這些不對的地方看起來很巨大而且無法忍受。

　　所以這些孩子就做一些他們認為合理的事：抱怨！他們會說「我討厭蕃茄！」或「每次我想玩的都玩不成！」之類的話。

那些只看到不好的一面的人，叫做**悲觀主義者**。悲觀主義者預期事情沒辦法解決。悲觀主義者通常都很消沉。只要事情不對勁，他們很快就會指出來。有時候，他們受到情況不好的一面很嚴重的干擾，使得他們無法享受它好的一面。

你認為，負面思考的人通常會有什麼感覺？

你知道有誰傾向於負面思考嗎？
把那個人畫下來

有些人大部分會看到事情好的一面。他們預期有美好的事情發生，即使他們可能發現有些事不對勁，但他們不太注意這些事。這些人叫做**樂觀主義**者，或正面思考者。

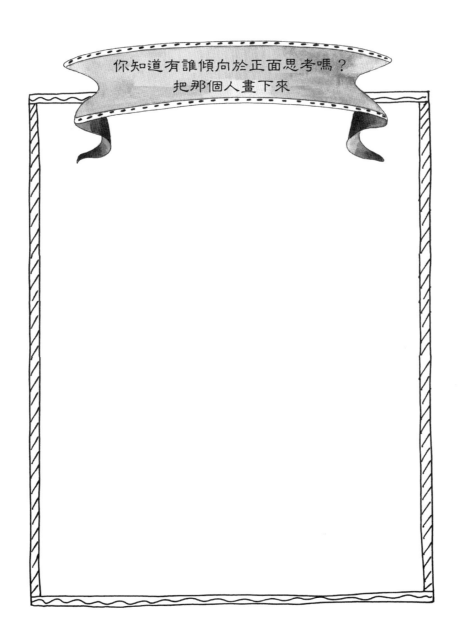

你知道有誰傾向於正面思考嗎？
把那個人畫下來

當然，沒有人永遠都是負面思考或正面思考，但他們會有其中一種傾向。

　　傾向負面思考的人通常不會意識到這一點。就好像他們手裡握著一面奇怪的放大鏡，這面放大鏡會把不好的事放得很大，而把好的事情縮得很小。但他們自己不知道自己正握著這面放大鏡。對他們而言，不好的事看起來就是大很多。

你有多常拿著這樣的一面放大鏡呢？你有多常難以看到事情好的一面，因為問題看起來太大了？請圈選你的答案。

| 幾乎不 | 偶而 | 有時 | 常常 | 一直 |

如果你有時候會有負面思考，那麼這本書可以幫助你學習去應付事情不順利時的那些情況。

如果你大部分時間都有負面的想法，那麼練習本書中學到的想法和行為，可以讓你成為一個更快樂的兒童。

第三章

負面思考是怎麼開始的？

你可能會認為，只看到負面情況的人，他們之所以會這樣，是因為不好的事總是發生在他們身上。但這並不是事實。

抱持正面或負面想法，和事實上發生在你身上的事沒有什麼關係。相反的，它取決於你怎麼去想那些發生在你身上的事。

你大部分會正面或負面思考，取決於你腦裡面的想法，而不是真正發生的事。

怎麼會這樣呢？

拿一枝筆，在這個杯子中間畫一條線。然後將半個杯子塗上你最喜歡喝的飲料的顏色。假裝你真的很口渴。

你會說它半滿還是半空？

你會注意到，你最喜歡的飲料放在那裡，等著你去喝嗎？還是你會注意到，杯裡所剩不多了？

假裝你正看著這杯子，並想：「呿！我最喜歡的飲料！」畫一下你的感覺。

現在，假裝你正看著這杯子，並想：「我好渴哦！這絕對不夠喝！」畫一下你的感覺。

讓你覺得快樂或愛抱怨的，不是飲料，是你腦裡面的想法在決定你的感覺。無論你怎麼想，都還有半杯飲料可以喝。所以，這到底這是件好事或不好的事，完全看你怎麼想。

　　所以，有**負面想法**，這是我們學到的嗎？還是天生就這樣呢？

　　科學家也不確定，不過看起來，有些人的腦部的確天生就讓他們比較容易感到快樂，而另一些人的腦部則容易集中在**問題**上。

為了明白這怎麼運作的，想一想你的身體。你是左撇子，還是右撇子？圈出你用來寫字的那隻手。

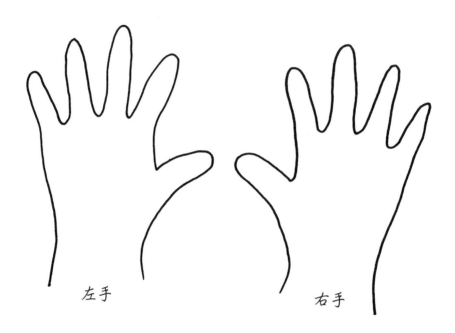

左手　　　　　　　　　　　右手

　　如果你是右撇子，很可能你右邊的身體比左邊強壯。如果你要搬一件很重的東西，真正用力的是你的右臂。

　　如果你站在滑板車上，並用一隻腳划著前進，你的左腳可能比右腳快累。右撇子的人，右邊身體比較強壯。

　　左撇子的人則剛好相反。如果你是左撇子，那麼你左邊的身體可能比較強壯。

想想看踢球的時候。輪到你踢時，你會用哪一隻腳去踢？如果你是右撇子，你很可能會用右腳去踢。如果你是左撇子，就可能用左腳踢。

萬一你必須用不常用的那一隻腳去踢，你可能會覺得很好玩，但最可能發生的事是，球不會像你平常踢的那樣飛得那麼直、那麼遠。

為什麼？

球之所以沒辦法跑那麼遠，是因為你不習慣用這一隻腳來踢，而且這隻腳的肌肉也許比較弱。

可是如果你想成為踢球冠軍，隨便用任何一隻腳都能踢出很專業的球，那麼你必須做什麼？

如果你想訓練不常用的那隻腳來將球踢得又用力又遠，那麼你必須透過鍛練來加強這隻腳。你必須用這隻腳來練習踢球很多、很多次。

的確，鍛練能夠讓你的身體更強壯。想出一種能夠讓以下身體部位變得更強壯的鍛練方式。描述這種方式。

所以，你知道運動可以強化
你的身體。但你知不知道，腦部
也是一樣的？

如果你有一個在負面思考方
面很強的腦部，你可以做一些頭
腦體操，來強化腦部正面思考的
那些部位。

科學家發現，我們的確可以
透過練習某些思考方式，來改變
腦部的運作方式。

練習正面思考，能加強你腦
部注意正面思考的部位。保持腦
中的這些部位強壯，能讓你覺得
更快樂。

第四章

力氣和彈性

有些東西很有彈性。這意思是，這些東西能夠彎曲。

畫出或寫出三樣有
彈性的東西

有些東西沒有彈性。意思是，它們不能彎曲。如果你想要折彎它們，它們會斷掉。

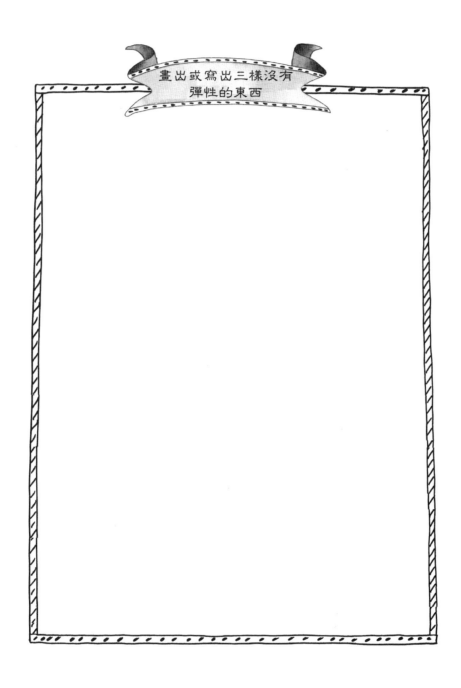

畫出或寫出三樣沒有彈性的東西

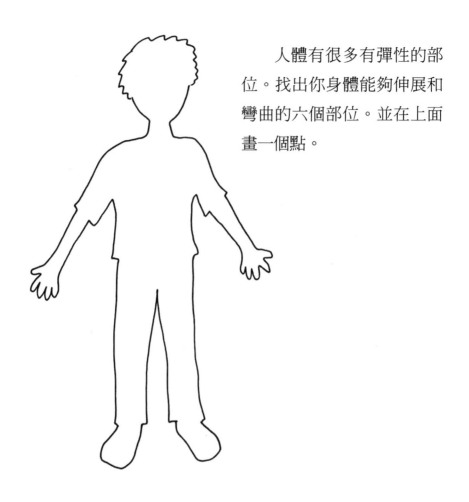

人體有很多有彈性的部
位。找出你身體能夠伸展和
彎曲的六個部位。並在上面
畫一個點。

你能否想像，如
果你的身體完全不能
彎曲或不能伸展，那
有多辛苦嗎？如果你
的身體沒有彈性，有
什麼事是你想做，但
不能做的？

你也許注意到，有些人的身體彈性比別人好。讓我們來看看你身體的彈性有多好。

首先，站起來。

現在，彎下腰來，試著用手摸到腳趾頭，但膝蓋不可以彎。

你能彎身到多低？跟你一起正在閱讀這本書的大人能夠彎多低？

在這個彈性量尺上，圈出你能到達的程度。也圈出這位大人能到達的程度。

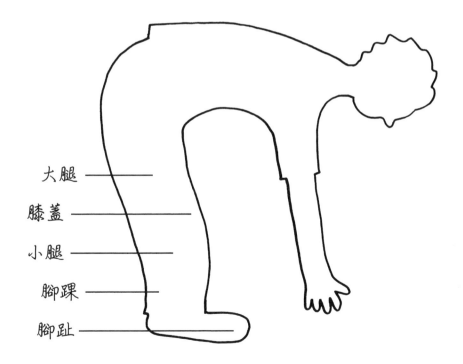

大腿

膝蓋

小腿

腳踝

腳趾

如果你想彎身到能夠碰到地板，你必須做些什麼？

透過漸進的伸展練習，你可以讓身體變得更有彈性。如果你想碰到腳趾頭，你必須每星期練習幾次，而且每一次只將身體伸展超過你感到舒服程度的——點—點—。

如果你太用力或做得太快，你會讓想要伸展那個部位的肌肉拉傷。你必須每次只能加強一點點。

你是否知道，你的想法也是可以有彈性和沒有彈性的？想法有彈性的意思是，當你需要時，你的想法可以轉彎，或者你可以改變自己的想法。

　　看一看這兩個孩子。

　　其中一位有彈性的想法。這表示，當事情不如她所希望的那樣時，她不生氣。相反的，她改變自己的想法，選擇別的東西，並覺得很開心。

　　另外一位孩子的想法沒有彈性。她喜歡事情只能依照某種方式進行，當事情沒辦法這樣時，她就生氣。

這兩個孩子都喜歡藍色。吃晚餐的時間到了，媽媽告訴她們，藍色的杯子髒了。你認為，想法有彈性的孩子會說什麼？想法沒有彈性的孩子會說什麼？哪一個孩子會覺得比較快樂？把她圈起來。

　　就像擁有一個沒有彈性的身體會造成很多問題一樣，擁有一個沒有彈性的頭腦，也會造成很多問題。想法沒有彈性的孩子最後會覺得挫折、生氣。當有人嘗試強迫他們彎一下的時候，他們覺得自己好像要斷成兩半一樣。當然，想法沒有彈性的孩子不會真的斷成兩半，但他們會**突然崩潰**，大吼大叫、哭鬧、或心裡覺得非常不開心。

想法沒有彈性和負面思考常常一起出現。當你的頭腦沒有彈性時，你很難將注意力從不好的事上移開。就好像那面奇怪的放

大鏡被用強力膠黏到你手上、拿不下來一樣。

但就像你可以讓自己的身體變得更有彈性一樣，你也可以透過一些新方法來教導你的腦部變得更有彈性，每次讓它伸展一點點。

現在，你要學一些練習，這些練習可以讓你的頭腦伸展，加強它。每一次你做這些練習，你的頭腦就會變得更有彈性，而你腦部裡進行正面思考的那些部位就會變得更強。擁有一個有彈性、正面思考的頭腦會讓你覺得更快樂。

第五章

練習一：跳過欄架

第一個練習是關於你已經知道的事：跳過欄架。

你也許已經用腳跳過很多東西。你認為，用頭腦來跳過某個東西如何？其實，這比聽起來的簡單很多，因為無論你是用腳來跳或用腦來跳，都是跟著同樣的四個步驟。

1. 看到欄架。

2. 決定要跳過它。

3. 想想看要怎麼做。

4. 跳！

剛開始的兩個步驟看起來可能很明顯，但事實上，這卻是最重要的兩步。想像一下，你正在跑一項障礙賽，你跑到第一個欄架那裡，但卻沒有注意到它。於是，你就直接撞上它，並把自己弄傷了。

當你碰到問題時，你首先必須要正確看到這個問題。然後，你才能決定要如何解決它。

還記得第一章中，那個不知道這些事的小男孩嗎？他看到的是欄架擋著他的路，然後他就卡在那後面了。事實上，他之所以卡住，是因為他的想法是負面的，而且沒有彈性。

他對那個欄架非常生氣，覺得這很不公平。他根本就沒有想到要跳過去。（所以，你能在那裡告訴他要跳過去，這實在是太棒了！）

當你遇上問題時，想想看那個男孩和他怎麼卡住的。想想看，他就只站在那裡抱怨。這對他一點好處都沒有。

當你被一個問題卡住時，第一件要做的事是**看到那個欄架**。你必須明白，這裡有一個問題，你必須對它做出反應。

下一步，你需要做的事是**決定跳過它**。一旦你決定要跳過它，事情就會變得簡單很多。

但是，要跳過一個問題，這是什麼意思？跳過一個問題表示，你要越過它。意思是：解決這個問題，或把你的注意力移到別的事情上，讓你能夠繼續前進。

讓我們回顧一下，對於解決問題，你或許已經知道一些事。

你知道要從腦力激盪開始，這是個很好的主意。腦力激盪的意思是，想出很多點子。腦力激盪和跳過欄架能夠讓你的頭腦伸展，讓它保持健康和有彈性。

看看你能不能對這個問題進行腦力激盪：

你沒有生氣，相反的，你想：「我要跳過這個欄架。」

把你想到怎麼解決這個問題的想法寫下來。

把你想到怎麼解決這個
問題的想法寫下來

你也許想出了很多跳過這道欄架的想法，因為可能有很
多種解決方法。這裡是另外一些方法：

◎ 去朋友家裡玩。

◎ 將你的朋友帶到體育館那邊
　　一起玩。

◎ 帶一本好書，妹妹上課時你
　　可以看書，然後明天再請朋
　　友來家裡玩。

現在，讓我們來用你生活中的一些實例來練習。

在下面的欄架中，寫下你遇到的問題。對於每一個問題，至少寫下兩種方法來解決它。記得要讓你的答案很實際可行。試著想一些你自己能力範圍內可以做到的解決方法，而不是想一些希望會發生或別人要做的事。

從現在開始，每當遇到問題，你就想：「我要跳過欄架。」不要嘟著嘴鬧脾氣，或抱怨、或卡住，而是告訴自己：「這是一個欄架，我要跳過它。」

畫一個記號，提醒你自己要

跳！

第六章

找位教練

職業賽跑選手和跳欄高手都有位教練。教練就是那個幫助你學習新東西的人。練習也可以幫助你記得要做什麼事。將來有一天，你會成為自己的教練，但現在，因為你正在學這些練習，所以你會需要別人來幫助你。

看看你能不能想出兩或三位能夠幫助你學習這些頭腦體操的大人。

把你教練的名字寫下來：

1. _____

2. _____

3. _____

這一章能幫助你和你的教練們想出你們如何合作的方法，所以請記得，一定要一起閱讀哦！

還記得那面把不好的事放得很大、很大的奇怪放大鏡嗎？當你進行完這本書裡的所有練習之後，那面放大鏡會躺在你的架子上，積滿灰塵。（換句話說，你不再常常拿著它。）

但現在，你可能還常常拿著這面放大鏡，因為這是你習慣做的事。只要你還拿著它，它就會直接把焦點指到**問題**上，把它弄得看起來很大、很大。

閱讀下面這些例子，然後圈出圖片中顯示**問題**的那個部分。（也就是放大鏡會放大的地方。）

你在溜冰場舉行你的生日慶祝會。你和朋友溜冰溜了一個小時。到了吃蛋糕的時間，侍者端出你的生日蛋糕，插滿了閃亮的蠟燭，但蛋糕上的裝飾糖霜卻是白色的，而你最喜歡的卻是巧克力。

昨天下課休息的時候，妳和朋友玩鬼捉人的遊戲。今天，妳想和她再玩一次。妳趕緊吃完午餐往外衝，卻看到朋友和別的孩子在玩跳繩。

你正坐在車裡，但弟弟打鼾很大聲，吵得你受不了。

讓我們來看看最後這一幕。到目前為止，放大鏡正把焦點放在你弟弟身上，是嗎？他的鼾聲越來越大了。你快受不了了。你說：「別再打鼾了！」當然，他根本不會聽你的。然後你說：「媽，他的鼾聲好大哦！」而你媽媽卻說：「不要再抱怨了！」

現在，放大鏡把焦點放在什麼東西上呢？在上面的圖裡，把它圈出來。

放大鏡的焦點移到你媽媽身上了！

當你把放大鏡緊緊握在手裡時，你就會把它晃來晃去，去放大擋在你路上的任何一件東西或任何一個人。然後，那個人或那件事情就會變得很可怕。

所以，問題在於：萬一你媽媽是你的教練之一呢？如果你媽媽曾經和你一起閱讀這本書，她現在也許已經知道你什麼時候會有負面想法，所以她就不會說：「不要再抱怨了！」這種話。現在，她既然已經知道有「欄架」這回事，她可能會說：「跳過那個欄架！」

除非，你還有別的話要說？來吧，老實點！

如果你就像大部分其他小孩一樣，你可能會說：「這太蠢了！」那是因為你覺得很生氣，而且你正忙著拿那面放大鏡。當放大鏡把焦點放在你媽媽身上時，你就會想：「她總是罵我。」或「她根本不管我。」

　　這時候，要聽媽媽的話就會變得很困難，而且你會覺得想要踢那個欄架，而不是跳過它。

　　那麼這時候，你媽媽（或其他教練）應該怎麼做呢？

你的教練要做的第一件事是去肯定你的感受。在坐車這個例子裡，在你說：「媽，他的鼾聲好大哦！」之後，你媽媽最好先同意你：「看起來，這真的會吵到你了哦！」

當別人肯定你的感受時，你就能夠稍微放鬆一下。你就不需要再那麼緊緊地握住放大鏡了。

以下這些話都能幫助你覺得別人的確明白你的感受。

所以你的教練應該先用這一類的話。

接下來呢？

事實上，大部分的人
都不喜歡別人命令他要做
什麼。如果你的教練告
訴你：「跳過那個欄
架」，你可能還想要跟
他爭辯；理由很簡單，
因為你不喜歡被別人指
揮來、命令去。

所以，你的教練可以試著問這樣的問題：「你認為應該
怎麼辦呢？」或者他（她）可以說：「還記得你學過關於欄
架的那些事嗎？」

對某些孩子而言，幽默是很有幫助的，只要這些玩笑
是關於那些討厭的欄架，而不是針對他要對付這些問題的麻
煩。

有些孩子喜歡和教練想出一些手勢或記號。你和你的教
練可以互相講好，只要他向你揮手，就表示他提醒你要記得
跳起來。或者他可以做個鬼臉，並把嘴巴弄成要說「跳」的
形狀。手勢和記號是很好玩的；你在忙著生氣時，它可以幫
助你想起一些你不容易記得的事，而且還給你一些隱私。

你的教練該怎樣做，才最能幫助你？

他（她）該說什麼或做什麼，來提醒你學過的事？

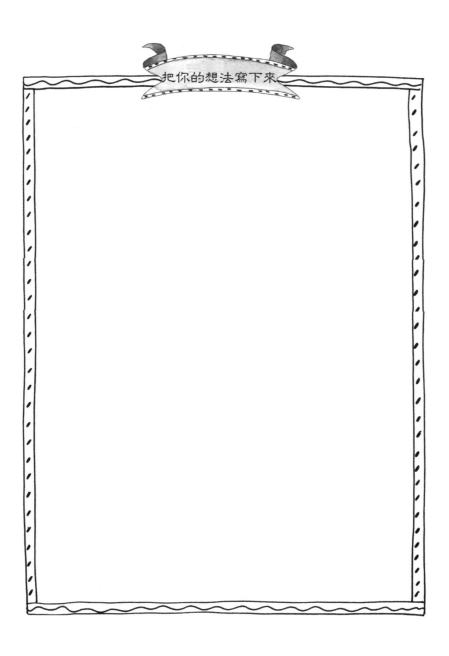

把你的想法寫下來

第七章
練習二：把過去的事拋在後面

那些很會跳欄架的孩子學會很順利的跳過去。首先，他們不會對欄架覺得大驚小怪，而且一旦跳過去之後，他們就不會再回頭看。

如果一個孩子跳過了欄架之後，卻接著想：「那好難喲！我討厭那個欄架。我總是要跳欄架，真不公平！」那會怎麼樣？這孩子一直在忙著抱怨那個欄架，結果會發生兩件事。

1. 即使他已經跳過那個欄架，他還是會繼續覺得不快樂。

2. 他不能把精神集中在剩下的障礙賽上。

有些孩子就是會這樣做。他們跳過了生活中的一個欄架，然後還繼續不斷抱怨著那個欄架。

　　這就好像這些孩子在背著一個「不愉快回憶背包」一樣。每次有不愉快的事情發生，他們就把這件事塞到這個背包裡，繼續費勁地背著它。

　　有負面思考的孩子傾向於背著這樣的背包走來走去。他們不能忘記發生在自己身上的那些不好或不公平的事，因為那些不好和不公平的事都被塞到背包裡去了。

寫下一些你一直放在「不愉快回憶背包」中的事情。包括那些即使很久以前發生，已經沒有任何人可以做任何事來改變它，但卻仍然讓你覺得生氣的事。

你或許知道，
「不愉快回憶背包」
很重。背著它到
處跑會讓人有
負面想法並變
得很愛抱怨。

但你可能
不知道的是，
你可以決定把這
個背包放下來。

想像一下，你自己把那個很重的背包從背上卸下來，走開。把所有的不好回憶留在背包裡，並把那個背包丟在那裡。

下一次你遇到任何問題時，決定你要怎麼去解決它。（提示：跳過去！）一旦你解決了這個問題之後，就沒有必要再把它塞到「不愉快回憶背包」裡。別忘了，那個背包甚至根本就已經不在你的背上了！

哪裡是放「不愉快回憶背包」的好地方？把它畫出來。

　　把「不愉快回憶背包」從背上放下來，眼睛向前看。用這種方式去過生活會容易許多。

　　而且也好玩許多。

第八章

練習三：「拋」一下腦筋 的銅板

如果你每天有練習跳過欄架，而且如果你已經把「不愉快回憶背包」放在59頁的地方，你也許會發現，自己正開始覺得比較愉快了。你的頭腦變得更有彈性，而且你也不再常常覺得被卡住。

　　但有時候，即使你已經努力跳過欄架並將不好的回憶拋在後面，但只要有事情進行不順利時，負面想法仍然不斷擠進你的腦裡。

　　雖然你不能決定哪些想法會擠到你腦中，但好消息是：你可以決定自己該怎麼去對這些想法做出回應。

　　還記得嗎？有些人的腦部就是會傾向負面想法。如果你有一個會傾向負面想法的腦部，那麼這時候，你該教教你的腦部轉向正面想法。你可以學著「拋腦筋的銅板」，來做到這一點。

假裝這一頁上的兩個大圈圈是一個銅板的兩面。「正面」代表正面思考，「背面」代表負面思考。把「正面」和「背面」畫上圖案。

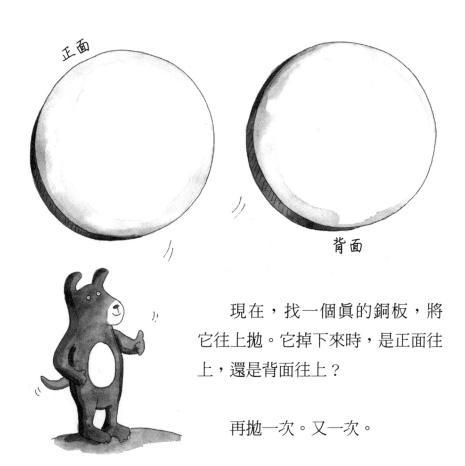

正面

背面

現在，找一個真的銅板，將它往上拋。它掉下來時，是正面往上，還是背面往上？

再拋一次。又一次。

銅板落下來時，有時候正面會往上，有時候背面往上。你的腦筋也像那樣。有時候，它會落在事情好的一面，然後你就會覺得很快樂。有時候，它會落在事情不好的一面，然後你就會覺得生氣或傷心。

但你可以學著去「拋」一下腦筋的銅板，就像你拋真的銅板一樣。

當你的心思集中在事情不好的一面時，你可以一直抱怨，就像你一向習慣的那樣。或者，你可以決定，抱怨太浪費時間，並決定要去做些別的事。

這就對了！你有選擇的力量！

你可以「拋」一下腦筋的銅板，並把心思集中在事情好的一面上。

看看你能不能針對下面幾種情況，想出好的一面。

你的老師帶來了雪橇，讓班上同學下課時可以玩，但校長剛剛卻宣布，外面太冷了，不能出去。

你喜歡吃巧克力小餅乾，但弟弟剛剛吃完了最後一塊。

你玩一個電腦遊戲正玩得起勁，但爸爸卻說該上床睡覺了。

如果情況不能像你想像中的那麼順利，覺得傷心或生氣這是完全沒關係的。那些感覺是很自然的。

但如果你一直把心思集中在不好的一面，這些不好的一面不會變成好的一面。唯一會發生的事是，你還是一直不快樂。所以，不斷把心思集中在不好的一面，對你並沒有任何幫助。

告訴你自己：「我不喜歡事情變成這樣，但我必須找個方法來對付它。」然後就「拋」一下你的腦筋銅板。

想像一下，你的「腦筋銅板」在空中轉了幾圈，落下來時正面往上。現在，挑一些美好的事情，並把注意力放在它們上面。或想出該如何解決這個情況的辦法，並集中精神去解決它。

在往後的幾天，看看你能不能找一些機會來練習一下「拋」腦筋銅板。

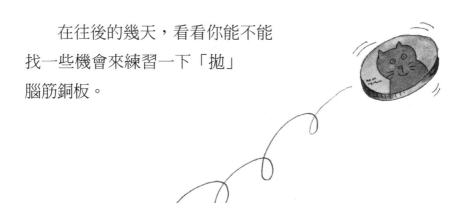

第九章

練習四：擊掌遊戲

萬一你「拋」了腦筋的銅板，但銅板的正面卻是空白的，那怎麼辦？有時候，尤其是你生氣的時候，很難想出美好的事情來。

「擊掌遊戲」可以加強你腦部正面思考的那個部分，教它去注意什麼是美好的事情。

為了玩這個遊戲，你要想出一個真的讓你很生氣的情況。然後將一隻手握拳。拳頭代表當你把心思集中在不好事情時的感覺。（生氣！）

下一步，想出一件美好的事，並把心思集中在那上面。
你每想出一件好的事，就伸出一隻手指。

　　現在，再想出另一件好事，並再伸出
一隻手指。

　　繼續想下去，直到你五隻手指都伸出來為止。然後和你
身邊的大人擊掌歡呼一下，或用你的手掌拍拍自己的肩膀，
鼓勵一下自己。

你的教練（你的媽媽、爸爸、或其他大人）可以幫忙你想出一些正面的事情。唯一的規則是，這些正面的事必須和這個讓你抱怨的情況有關，而不是一般讓你覺得快樂的事。

例如，在一個大熱天，妳正和好朋友走到冰淇淋店，可是妳最喜歡的口味，巧克力碎片冰淇淋，已經賣光了。

可以算數

◉ 我一直想要試試巧克力加花生醬的口味。唔……一定很好吃！

◉ 這個冰淇淋一定可以讓我覺得很涼快。

◉ 我的好朋友剛剛說了一個笑話。

◉ 賣冰的那位先生很和善。

◉ 我的冰上面還會撒上漂亮的裝飾糖霜。

不能算數

◉ 我們今天晚餐要吃披薩。

◉ 我鄰居的狗狗很可愛。

◉ 暑假還有四個星期！

◉ 今天早上的射圈圈真好玩。

◉ 我們下星期要去海邊玩。

甚至連邊都沾不上

我想，如果要的話，我可以勉強嚥下整桶另一種口味的冰淇淋。

現在，你來試玩看看。唸一唸下面描述的情況。

這小孩有一隻狗
當寵物，可是她
想養貓

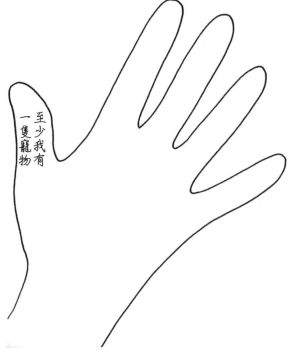

至少我有一隻寵物

現在，在每一根手指中寫下一件正面的事。

當你想出五件事時，和別人擊掌，或拍拍自己鼓勵一下。

76

你一直抱怨著什麼事？把你的情況寫下來。

現在，想出五件你可以把心思集中在上面的好事。

每次你想將一個負面情況變成正面情況，但又需要一些協助來想出到底什麼才是正面的情況時，你就可以玩這個擊掌遊戲。

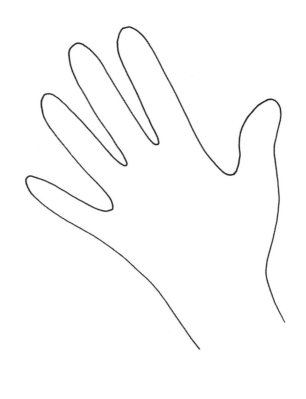

第十章

萬一在氣頭上，怎麼辦？

負面思考會導致生氣。對某些孩子，他只要遇上問題，就會馬上生氣。他們會想「不公平！」或「我討厭！」，然後「轟！」，他們就生氣了。

你多快就生氣了呢？在這個量尺上圈出你的答案。

生氣會將你的腦部清晰思考的那個部位關機。

所以，如果你是一個很容易生氣的孩子，那麼在你進行本書中所描寫的任何練習之前，必須先讓自己平靜下來。

　　休息一下，是讓自己平靜下來很好的一種方法。休息的意思是，完全拋下正面或負面想法。離開整個情況，讓自己的身體和心靈能夠休息一下。

　　在你休息的時候，很可能會有繼續抱怨的誘惑。努力拒絕它。告訴自己：「我正在休息，等一下會再回來。」然後，試著把心思轉移到別的事情上。

　　有些孩子休息的時候會看點書。

　　另一些孩子則去打打籃球。

想想看，你生氣的時候，什麼能對你有幫助？

你需要做一些能讓你放鬆的事，比如畫畫，或看電視嗎？

或者你需要一些動態的活動，像和狗狗玩或騎腳踏車？

休息也可以在心裡進行。

你可以深呼吸五次，或倒數十到一。

你可以想像，自己的問題在一個熱氣球裡，飄走了。

或者，你可以想一想自己最喜歡的事。

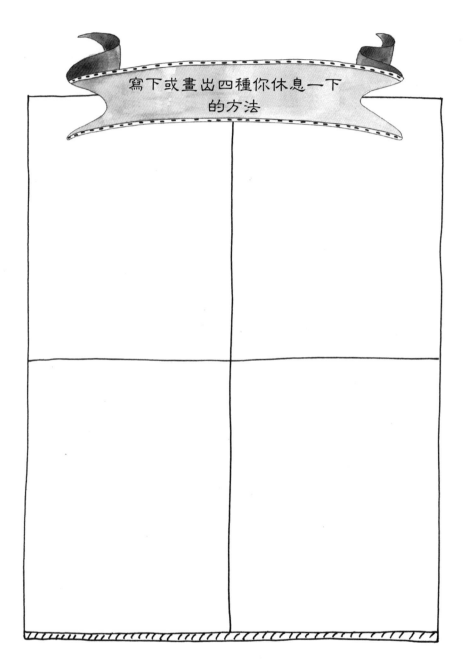

寫下或畫出四種你休息一下
的方法

有些人認為休息不是件好事。他們說，你應該「面對你的問題」，而不是逃避它。

但如果你正陷於負面情緒時還一直想著你的問題，這並不是以有用的方式來面對問題。相反的，你只會不斷地抱怨。抱怨能夠持續很久，而且抱怨會用各種方式使事情變得更糟。

休息可以幫助你平靜下來。就像在站起來要揮棒打擊之前，先休息一下，來個深呼吸一樣。

當然，最後你還是必須回到讓你生氣的那件事上。有時候，這個問題已經不會再讓你生氣了。但有時候，這問題看起來還是個問題，但這時候你已經比較冷靜了，而且已經有更好的準備來面對它。

第十一章
如何維持正面想法

現在，你既然已經學會如何將你的注意力從負面轉為正面，接下來，要讓你腦部的正面想法保持強壯，這是一件很重要的事。

為了達到這個目的，其中一種方法是繼續練習這本書裡的各項練習，即使你已經都認識這些練習了。

另一種方法是，在每天的生活中想一些正面的事。

你有沒有一張很喜歡看的照片，因為看著這張照片可以讓你想起快樂時光？看看快樂時光的照片和回想那些快樂的時候，能夠讓我們覺得愉快。它會加強腦部正面思考的部分。

　　所以，你可以在你心裡建立一個「最喜愛的回憶」檔案夾，裡面放一些你覺得特別開心，或感到特別驕傲時刻的回憶。

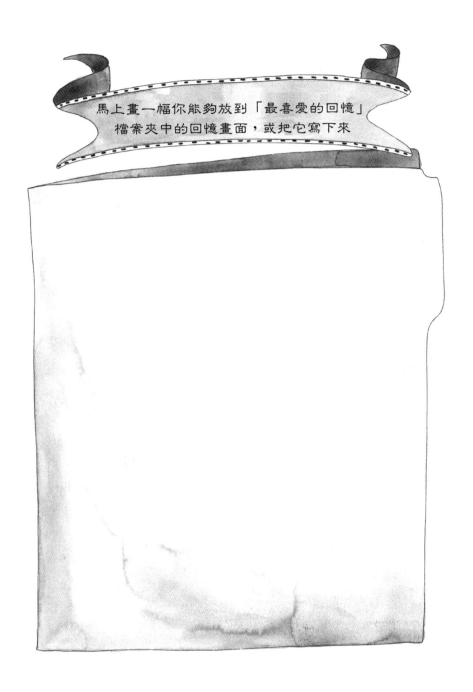

馬上畫一幅你能夠放到「最喜愛的回憶」
檔案夾中的回憶畫面，或把它寫下來

隨著時間越久，你可以將更多美好回憶加到你心中的檔
案夾裡。

保持正面思考的第三種
方法是，注意每天發生的好
事。也許朋友在午餐時為
你保留一個位置。也許是
爸爸提早下班回家。也許
你的狗狗第一次學會聽懂
你的命令。

好狗狗！

有時候，我們會忘
了聊一聊生活中發生的
美好的事。談一談這些
好事能夠讓你覺得更愉
快，也會讓你周圍的人
更愉快。

昨天或今天，有
哪三件好事發生
在你身上？

在坐車的時候，吃晚餐的時候，或睡覺前（任何你可以的時候！），將這些事告訴你身邊的大人。告訴他們，你對什麼有興趣，你在想什麼，那天有什麼有趣的事或美好的事發生在你身上。

你的媽媽和爸爸（或其他教練）也可以問你一些問題，幫助你去發現這些正面的事件。以下有一些範例問題，這些問題可以幫助你的頭腦轉向正面思考的方向：

今天發生了什麼有趣的事？

有什麼事是可以讓你覺得很驕傲的？

你下課時做什麼？　你想多學點什麼東西？

今天最棒的是什麼？

你最喜歡的遊戲是什麼？

剛開始時，你
可能沒辦法馬上
回答這些問題。
有些孩子不習慣
講關於自己的
事，或者他們只
習慣談問題。

但如果你的爸爸媽媽繼續問這些問題，這能夠加強你腦
中正面思考的那些部位。你的回答也能夠幫助爸爸媽媽更了
解你。

當然，在你需要爸爸媽媽幫助你解決問題時，你也可以
和他們談談你的問題。這是很重要的。你只是不願意再花很
多時間來抱怨而已。

所以，花一點點時間來談問題，然後花很多時間去談談
你生活中有趣和好玩的事。

第十二章

你可以做得到！

還記得你第一次學減法或學寫自己名字的時候嗎？你可能覺得很難，不是嗎？要學一項新技巧需要很多練習。學習擺脫負面想法也需要很多練習。

目前，負面想法很容易一下子就衝進你的腦裡。你可能很難發現正面想法。但如果你不斷一再練習這些頭腦體操，並努力將精神集中在腦中正在想的事，你會發現：頭腦體操會越來越簡單。

如此一來，當事情不順利時，那就不再是什麼大不了的事了。以前本來要花很多時間的問題（因為你一直爭辯和抱怨，然後大吼大叫，最後搞得自己一身麻煩），現在很快就可以解決了。

因為你不再握著那面奇怪的放大鏡，所以不好的事就不再顯得那麼不尋常的大。這時候，要把心思集中在好的事上就變得容易多了。然後不久之後，你就會開始覺得更愉快。

所以，要記住……

◎ 跳過那些欄架。

◎ 把「不愉快回憶背包」放下。

◎ 拋一下腦筋的銅板。

◎ 玩一玩擊掌遊戲。

◎ 打開你最喜愛的回憶檔案。

◎ 保持心思集中在正面的事上。

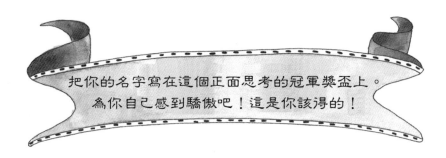

把你的名字寫在這個正面思考的冠軍獎盃上。
為你自己感到驕傲吧！這是你該得的！

這種感覺真棒！

國家圖書館出版品預行編目資料

抱怨太多了怎麼辦？：幫助孩子克服負面思考／
Dawn Huebner著；Bonnie Matthews繪圖；陳信
昭、陳碧玲譯.--二版.--臺北市：書泉出版
社,2023.08
　　面；　公分
譯自：What to do when you grumble too much:A
kid's guide to overcoming negativity
ISBN 978-986-451-327-7（平裝）
1.CST:自我實現　2.CST:悲觀　3.CST:通俗作品
177.2　　　　　　　　　　112008656

3IA1

抱怨太多了怎麼辦？
幫助孩子克服負面思考

作　　者／Dawn Huebner

繪　　者／Bonnie Matthews

譯　　者／陳信昭　陳碧玲

發 行 人／楊榮川

總 經 理／楊士清

總 編 輯／楊秀麗

副總編輯／黃文瓊

責任編輯／李敏華

封面設計／陳亭瑋

出 版 者／書泉出版社

地　　址／106臺北市大安區和平東路二段339號4樓

電　　話／(02)2705-5066　　傳　　真：(02)2706-6100

網　　址／https://www.wunan.com.tw

劃撥帳號／01303853

戶　　名／書泉出版社

總 經 銷／貿騰發賣股份有限公司

電　　話：886-2-82275988　　傳真：886-2-82275989

網址：www.namode.com

法律顧問　林勝安律師

出版日期／2009年5月初版一刷（共五刷）
　　　　　2023年8月二版一刷

定　　價／新臺幣200元